JN438343

봄바람 시바람

왕십리문학 2015 창간호

글바람 시바람

왕/십/리/문/학/회

도서출판 천우

샛별같이 빛나는 시인들의 출발

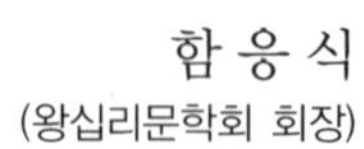

함 응 식
(왕십리문학회 회장)

밤사이에 봄비가 내렸다. 언제 왔다 갔는지 모르게 살며시 봄소식 전해주고 소리 없이 지나갔다. 백색의 고운 자태 목련 꽃잎 위에 한 점 물방울 숨결 불어넣고 갔다.

앙상하게 마른 가지 속에 어떻게 이처럼 아름다운 하얀 목련이 숨어 있었을까? 신비롭기만 하다. 가지 속에 숨어 있을 때에는 아무도 알아보지 못했다. 세상에 하얀 꽃을 피워 낼 때에 얼마나 아름답고 눈부신가?

마른가지와 같던 우리도 마음속에 무엇이 숨어 있었는지 몰랐다. 맨 처음 이 세상에 올 때 우리의 마음속에 시를 쓸 수 있는 씨앗을 주셨을까? 씨앗은 조건이 맞으면 싹이 나고 자라서 얼마나 성장할지는 아무도 모른다. 우리는 늦게 출발했다. 우리의 시세계가 어디까지 성장할지는 그 누구도 예측할 수 없는 일이다.

우리가 얼마나 성장할지는 세상에 올 때 마음속에 시를 즐길 줄 아는 능력을 부어주신 그분만이 알 수 있을 뿐이다. 다만 우리는 정진 또 정진하자. 많은 사람들에게 희망을 주고 심신의 평안을 줄 수 있는 그런 잔잔한 시들을 많이 썼으면 좋겠다.

우리 왕십리문학회에 속한 회원들이 가는 방향은 이미 정해져 있다. 그 목적지는 어디일까? 하늘에 별과 같이 반짝이는 아름다운 시인이 되는 것이다. 세상살이가 힘들 때 우리의 시를 읽고 삶에 희망을 줄 수 있는 시를 써야 한다. 우리들은 단련하고 인내하며 부지런히 정진하여야 한다. 이 세상에 순금과 같이 아름다운 시를 많이 탄생시켜야 한다. 부득불 가야 할 길이라면 우리의 남겨진 삶의 모든 정열을 쏟아내야 한다.

왕십리문학회에 속한 회원 한 분, 한 분이 모두 이 지구별 위에서 가장 반짝이는 보석 같은 시인들이 되기를 바랄 뿐이다. 지금까지 가슴속에 정제되지 않았던 보석들을 잘 다듬어 가슴속에 하고 싶은 말들을 세상에 풀어 놓기를 바란다.

이제 때가 된 걸까? 그 시들을 모아 왕십리문학회에서 만물이 생동하는 아름다운 봄에 여린 싹인 첫 동인지를 세상에 내놓게 되었다. 여기에 실린 시 한 구절 한 구절마다에는 진한 삶의 향내가 뿜어져 나온다.

어린 소녀 · 소년 시절부터 가슴속에 시인이 되고픈 꿈을 품고 있었다. 삶이라는 현실 앞에서 그 꿈을 가슴속에만 간직해야만 했다. 인생의 중반을 넘어서 가슴속에 고이 접어 두었던 그 꿈을 이제야 여기서 펼쳐보게 되었다.

힘들고 어려운 여정이었지만 서로를 격려하며 함께 웃고

웃으며 동문수학한 지 많은 시간이 흘렀다. 그 시간만큼 우리의 젊은 날이 지나갔다. 인생 삶 자체가 시였지만 다만 글로 표현하지 못했을 뿐이다.

시작은 미미하게 여린 새싹으로 이 봄에 피어났다. 여름의 폭풍우와 겨울의 추위를 견뎌내고 대한민국의 시 문단에 샛별같이 빛나는 시인들이 많이 배출되기를 기원할 뿐이다. 젊음과 노년의 차이는 나이가 아니라 가슴속에 꿈이 있느냐 없느냐가 판단의 기준이 된다는 말이 있다. 세월은 우리의 육체적 감각을 조금 무디게 했다. 가슴속에 찬란한 꿈은 아직도 살아서 꿈틀거린다. 각자 마음속에 품은 멋진 꿈이 이루어지기를 소망하며 하고 싶은 이야기를 다 토해내는 출발점이 되기를 바란다.

오늘 여기에 이르기까지 부족한 문학회 회원들을 이끌어주신 윤제철 교수님께 깊은 감사를 드린다.

왕십리문학회 회장

함응식

항로를 알려주는 등불

윤 제 철
(성동구 구민대학 시창작반 지도교수)

평소에 보고 느낀 것들을 글로 아름답게 표현하고 싶으면서도 기회를 얻지 못하다가 2013년 3월에 신설된 성동구 도시관리공단 구민대학 시창작반을 찾아 함께 활동하신 회원 여러분들께서 노력의 결실인 왕십리문학회 동인지 발간을 축하합니다.

대부분 지역주민들을 대상으로 구성된 여러분들이 우리나라 천재 시인 중에 한 분이신 김소월 시인을 기리는 소월아트홀에서 시를 연마하는 일은 긍지를 갖기에 충분합니다. 서로 입회한 시기는 달라도 시의 주제에 관한 생각을 토론으로 주고받으며 표현의 역량을 키워나가는 모습을 볼 때마다 발전의 가능성을 그려볼 수 있었습니다. 그것은 연령의 차를 극복하고 어우러질 수 있는 원동력이었습니다.

우리는 잘 쓰겠다는 욕심을 내지 않고 솔직하게 쓴다는 신념을 갖고 있습니다. 남들이 한 이야기보다 내가 처음 하는 이야기를 찾아 나섰습니다. 같은 주제라도 보는 방향이나 각

도를 달리하려 애썼고 아직은 서툴지만 배운 만큼 습작한 만큼 써야 했습니다.

뿐만 아니라 주제를 구하려 따로 애쓰지 않았고 우리 자신의 살아나가는 이야기를 매주 한 편씩 카페에 올려 회원들 간에 댓글을 통하여 격려했습니다. 그 작품을 모아 첨삭한 내용을 강의시간에 들을 수 있었던 결과입니다.

성동구 구민대학 시창작반의 남다른 강의환경도 성장의 밑거름이 되었다고 자부합니다. 그 남다른 강의 환경이란 바로, 1시간 반이라는 강의 시간 중간에 가지는 10여 분의 휴식시간입니다. 마주 앉거나 서서 준비한 간식과 음료를 나누면서 소통과 교류의 즐거움을 통하여 끈끈한 정을 만났습니다. 또 하나는 강의가 끝나고 소월아트홀 입구에 있는 카페에서 차 한 잔을 마시고 나누는 문학 이야기입니다. 이는 강의시간에 들 수 없는 내용으로 의문을 해결할 수 있었습니다. 제가 기꺼이 1시간 반을 더 앉아 있을 수 있었던 이유이기도 합니다.

2014년 봄에 유병란 회원을 필두로 등단을 해나가기 시작하더니 그들을 중심으로 지역주민의 문학적 열정을 키워나가는 계기로 삼자는 의견이 모아져 12월에 왕십리문학회의 깃발을 높이 들었습니다. 어려운 환경에서도 꿋꿋하게 일어서 왕십리문학회 창간호가 발간되었습니다. 이번 호에 한하지 않고 한 해에 한 권씩 지속적으로 발간될 것을 믿어 의심치 않습니다.

꿈은 이루어졌습니다. 엄두도 내지 못했던 일들이 눈앞에 벌어졌습니다. 이 성과를 오래도록 유지하고 발전시켜야 하는 과제를 갖게 되었습니다. 이 일은 우리 회원님들만 짊어져야 할 짐은 아닙니다. 이제는 회원 가족과 지역사회의 정신건강을 지키기 위한 운동으로 펼쳐 나가야 할 시기에 도달했습니다.

문학의 궁극적인 목표인 윤택한 삶과 맑은 영혼을 위한 노력은 마라톤 코스를 뛰고 있는 주자의 각오가 있어야 합니다. 주어진 체력의 한도에서 호흡을 유지하며 지금 해온 것처럼 욕심을 내지 말고 끈기 있게 달려야 합니다. 남들과 경쟁을 한다는 생각을 하지 말고 자신과의 싸움을 극복하여야 합니다.

우리는 또 다른 도전을 향하는 이들의 등불이 되었습니다. 꺼지지 않고 밝게 비쳐주는 등불이길 바랍니다. 비가 오나 눈이 오나 어디서든 빛나는 그들의 항로를 알려주는 등불이기를 함께 손을 잡고 지켜나가야 합니다.

詩의 연인

金天雨

마지막 관문이라도 좋다
이미 주사위는 던져졌다

청춘의 덫에 갇혀
쓰다가 쓰다가 죽을지라도
두 번 다시 사랑할 수 없으리

영원히 풀 수 없는 마법의
수수께끼로 남을지라도

날마다 열꽃 피는 몸앓이
밤이면 밤마다 불나비처럼
타들어가는 경련

살아도 다시, 살아간다 해도
그리움의 화신이 되어
전신은 마비가 된다

이제야 알 것 같다

목젖 아리도록 기다려왔던
오! 그대, 그대가 바로
시의 연인!! 내 사랑

무덤까지 함께— 가야 할
그대는 시의 연인
나의 관이여—

시인 · 문학평론가. 월간 『문학세계』 · 『시세계』 발행인, 도서출판 天雨 대표, (사)세계문인협회 이사장, (주)천우미디어그룹 대표이사. 시집 『고백』, 칼럼집 『오솔길, 사람 사는 세상에서』 『그린 에너지 시대의 행복 세상』, 에세이집 『은사시나무의 추억』 『내 안의 그대를 위한 연가』 외 다수.

코칭

윤제철

눈앞에 많은 일 중에
하고 싶은 걸
어떤 일인지 알아도
할 줄 몰라 맴돌 때

자신감이나 의욕을 높여
변화와 발전을 지원하여
능력과 잠재력을 쓸 수 있도록
길을 열어주는 것

누군들 도움 없이
지금 자리에 설 수 있었을까
크던 작던 영향을 끼쳐준
부모 형제, 선생님, 그리고 친구

고맙다는 말 못 하고 지나친
가슴에 담긴 언행들
교과서보다 소중했던
씨앗이 되고 거름이 되고
알려주는 것보다 도와주는 것

(사)세계문인협회 부이사장, 한국현대시인협회 이사, 사랑방시낭송회 부회장. 월간 『문학세계』, 계간 『시세계』 편집주간 역임. 성동구 구민대학 시창작 강의. 시집 『고향생각 한 잎』 『꼭 끼는 삶의 껍질』 『내가 앉힐 공간 하나』 『가려지지 않는 흠집』

김옥자

인천 강화군 출생.
성동구 구민대학 시창작반 회원.
okja4725@hanmail.net

난타나 꽃 외 6편

김옥자

화려한 내가 좋아

나는 은은하고
소박한 것이 싫어
노랑, 주황, 분홍 꽃

한 번 피고 지기 아쉬워
자라는 대로 연속 피는 꽃

시샘이 나서
짓궂은 바람이 흔들고 가면
우수수 떨어져
바닥에 수놓은 난타나 꽃

사이판 바다

조그마한 섬에
모래가 떡가루처럼
보들보들하고
촉감이 좋다

바다에 낮은 곳은
연옥색 진한 옥색
깊은 데는 남색

바다 밑에 산호가 있어서
하루에 물 색깔이 35번 바뀐다

나비고기 노는 모습이
다 들여다보이고
부딪히고 부서지는 파도 철썩철썩
반가웠다고 잘 가라고
인사하는 사이판 바다
수족관처럼 아름답다

낚시

원앙 친목회원들과 새벽부터 서둘러
물 반, 고기 반이라고 하는 데 왔더니
숭어 떼가 여기저기서 점프를 하는데
한 마리도 안 잡힌다

하늘에 구름은 한없이 빨리 달리고
해님이 반짝 뜨면
고기가 위로 올라와
너도 나도 잡는다

바람 불고 흐리면
물속 깊이 들어가서 안 잡히고
해가 나오면 또 잡고
30마리 묵직하게 들고 나온다

찌가 흔들리는 느낌이 올 때
잽싸게 당기면 요동치는 짜릿한 손맛
잊을 수가 없다

가족

아들 며느리
병아리 손자 손녀들과
함께 간 꽃동산

공원에 와보니
노란 천을 널어놓은 것처럼
유채꽃 밭이 넓기도 하다

맨발로 걷는 자갈길
따끔따끔했었지만
캐리커처 만화 그림 그리던
지금 얼굴 오래도록
변하지 않기를 바란다

자녀는 부모한테 생명을 이어받고
부모는 나이 들어 자식에게
자기 노후를 맡겨야 하는
끊으려야 끊을 수 없는
한 핏줄을 나눈 사이

둘러앉아 오순도순
사는 얘기 나누며 행복을 느꼈지

옛 경마장

운동장 한가운데 골프장
가장자리는 경주마가 활기차게 달리고
사람들 환호성 소리가
담 너머 들리곤 했지요

2001년 과천으로 이사 가고
2005년 6월 18일 뚝섬 서울숲이
만들어지고부터는
운동하러 가시는 분들 줄을 잇고
주말에는 문화행사 등등…
여러 모로 쉼터가 됐지요

양지바른 곳에 연분홍 사과 꽃으로
화사하게 멋 내고
땅에는 보라색 난쟁이 풀꽃이
화려하게 그림을 그렸네요

춤바람

너 노는 것만 바라보아도
눈과 마음이 즐거워
오른발 왼발 해봐도
마음대로 잘 안 되더라

앞집에 늘어진 넝쿨 장미나무 끝에
꽃 한 송이가 신나게 놀고 있다

니나노 아니면 덩더쿵인가
바람이 약하면
살랑살랑 흔들고
강하면 빠르게
서울 대구 부산 찍고
춤을 추는 여인처럼 보인다

오냐 오냐 내 손주

처음 엄마 떨어져
할머니 집에 온 손자들하고
한강의 빗방울 동그라미 재미있다고
하 하 하 손뼉 친다

훌라후프, 종이접기, 윷놀이, 볼링게임
하루 종일 잠자리, 나비 쫓아다녔다

날아오는 참새를 잡는다고
뛰어다니며 깔 깔 깔 웃는다

쌀가루 반죽으로 거북이, 눈사람
송편 만들며 좋아라 한다

고사리손으로 어깨 맘마하며 주물러주고
3박 4일 동안 소중한 보배들과
동심으로 돌아와 오냐 오냐
내 손주들과 즐거웠다

김정희

경기도 파주시 출생.
한국방송통신대학교 교육학과 졸업.
성동구 구민대학 시창작반 회원.
현)한국방송통신대학교 국문학과 재학 중.
ssamma44@hanmail.net

주춧돌 외 6편

김정희

입추에 찬 기운 새로워지고
고향 생각이 난다
태어나 자란 곳

중학교 입학하던 봄
새로 지은 한옥
황토물 들여 니스 바른 마루
분합 예쁜 무늬에 잘도 열리던 문짝들
쪽 고르던 기둥과 서까래

열심히 쓸고 닦고 나면 주춧돌이 위로한다
동네 아줌마들 첩의 집 같다며 예뻐했다

기와집 말없이 지켜주던 대들보와 주춧돌
이제는 이층집으로 변해 보이지 않고
고무신 하얗게 닦아 주춧돌에 기대놓으면
햇볕이 방긋 웃는다

여름 문경계곡

바람소린가 물소린가 백호산 계곡에
조촐한 펜션이 기다린다
여름이면 찾던 문경이 어느새 6년이네
동기생 오인조의 2박 3일은
출발부터가 마냥 행복하다

묵은 감나무 사이로
해가 서산에 지고 얼마 되지 않아
기다린 듯 크고 작은 별들이 쏟아져
손을 뻗어 잡힐 듯 뛰면 머리에 닿을 듯하다

요란스런 계곡물 큰 바위는 비켜가며
폭포같이 줄기차게 쏟아지고
발이 시리도록 차고 깨끗하다
구수한 깻잎 빈대떡 유혹하지만
찌그러지도록 두들겨 대는 양동이장단

흐트러진 근심이 묵었던 시름 다 떨쳐 버리고
청산녹수에 선녀가 따로 있나
여기가 낙원이로다

여름방학

어렸을 때 물장구치던 시냇가
창포 줄 잎 꽃보다 향기로운 무늬가 떠오른다
별이 뜨면 모닥불 연기 쐬며
하늘 밭에서 옛날이야기 듣는다

개학 날 가까워 숙제는 전과 베끼고
일기 꿰맞추랴 울던 풀벌레 소리
아직도 여운으로 남아 있네

희생 깍지 낀 엄마 손 정신이 없는
생존경쟁의 현실에 맞춰
바람은 쉬어가도 내 손자 쉴 새 없네

초등 3학년을 훈장님으로 모시니
영어선생 어깨에 힘주며 목청이 커지고
함께 지낸 여름방학
아름답게 빛나고 있다

강산

불꽃 튀는 삼복더위에 발걸음도 무거운데
강산을 찾는 객 꼬리에 꼬리를 물고

원근산천 돌아들은 합수 새음 솟는
삼각산은 임진강이 둘러 있고
낙락장송 남산은 한강이 둘러 있어 만년수로다

마포종점 새우젓 빨래터 꿈결 같고
수상선 크루즈 한 폭의 그림 같구나

노을이 수줍어 숨으니 야경은 꽃잎 뿌린 듯
극락인 듯 금수강산이 바로 여기일세

세월

무심한 세월 물같이 흐르고
녹음방초 여름이 왔네
엊그제 심은 벼 들녘에 생생하구나
인간 칠십 고래희라
속살거리는 천연의 화음 한가롭다가
한밤중엔 굵은 비 천둥소리로
생애 한가락의 추임새로 맞추어 보련다

전통혼인 날

관악 예절원 들어서니
가족과 친지들 만난 기쁨인지 발걸음 가볍다

어제는 엄숙한 성당미사로 일륜대사를 축복했고
사라질 듯한 전통의식에서
사랑으로 만난 행복을 이어간다

풍악의 흥겨움과 여러 잡귀 물리며
축복 속에 신랑 각시 가마 타고 입장하는데
전안례, 합구례, 혼례진행 잔이 오가며
모든 하객 박수장단 흐드러지게 핀 꽃물결이다

만날 땐 반가우나 떠나보내는 아쉬움
공항까지 배웅 손 들어
잠시 침묵은 흐른다

황혼

전철 타고 도착한 중앙동두천
왕방계곡 정상 요양원 시누님
한낮 여름 따가운 볕은 온누리에 비추는데
피서객과 자연에 젖은 화폭들
제각각 열렬히 저항도 하고
저마다의 꿈으로 살아간다

구부러진 노송 바람에 건들거리듯
남매 허위단심 찾아와 울먹거리며 잡는 손
하나가 둘이 되고 둘이 우리가 된다

산이 높거든 쉬엄쉬엄 넘듯이
왕복택시 편히 안내한 선글라스 기사님 37년생 80세
운동으로 하는 일 흐뭇한 웃음
나이는 숫자라더니 우러러보인다

전북 익산 출생.
월간 『문학세계』 등단(2014년).
문학세계문인회 정회원,
성동구 구민대학 시창작반 회원.
guswn58hj@hanmail.net

천둥소리 외 6편

김현주

누구를 향한 쓴소리인가

우박과 돌풍을 동반한 소나기로 후리며
불호령한다
아니,
아니지

아프다고,
나 아프다고,
아파서 죽겠다고 어쩌면 인간에게
고통을 호소하는 소리일지도

하지만
지구를 병들게 한 주범은
반성보다 피할 곳만 찾아 허둥대며
오히려 원망하는 비겁한 눈초리들

괴로움 안은 천둥소리는
허공을 헤매고
여기저기 찢기고 내동댕이쳐진
애꿎은 나뭇잎만
거리에 나뒹군다

어설픈 술주정

엄니, 아부지
오늘 한잔 해부렀소

지가 환갑이 다 되어 가믄서
인자사 풍류를 접했구만이라잉
풍류를 즐길라믄 술 한잔은 해야 쓴다 안하요
요즘 시상에 시대착오적 생각인 줄 뻔히 알지만서도
왜, 술을 알아야 화조풍월과 노닌다고 허는지
궁금혀서 마셔봤구먼요

회식 자리서 첨으로
쇠주 한잔 마셨는디 인생살이처럼
요로코 쓴 걸 왜 묵는지 모르것당게
근디 암시랑토 안허고 정신도 말짱허요잉

아따 왜 그런 눈으로 보신다요?
딱 한잔만 걸쳐불팅게 걱정마쇼잉~
지 술 싫어항께 불가피할 때만
딱 한잔만 해분다 안혀라
딱 한잔만, 헤헤헤

어려서는 애비 없는 자식 소리 안 들을라고,
시집와서는 자식들 본보기가 될라고
무던히 틀 안에서만 살아온 거 알지라?

숨바꼭질

꼭꼭 숨어라 머리카락 보일라,
꼭꼭 숨어라 머리카락 보일라
몇 번 외친 후
부엌, 장독대, 헛간, 짚단 안에 숨어도
술래는 동심을 잘도 찾아냈었지

세월이 흐른 뒤 술래는
양심을 찾아 헤매보건만
때에 절어 실체가 보이질 않는다
허수아비만 남아 조롱할 뿐…

다시 외치는 목청은
허공 속으로 사라져만 가고
산 그림자 길게 드리우는데
꼭꼭 숨어버린 진실은
어디에 있는가

풀벌레 소리만 떠도는 공허한 자리
외로이 서 있는 술래

어둠이 삼켜버린다

매혹에 빠지다

향기가 몸을 잡아 당긴다

이끌려 간 곳은
경남 하동에서 옮겨놓은 매화길

겨우내 강바람이 들려준 이야기를
활짝 문을 열어
속살로 풀어내고 있다

이미 날아든 벌들이 간지럽혀도
오히려 향기로 감싸주며
속을 내어주는 모습에

하던 일도 잊은 채 사랑에 빠져든다
매실이 주는 또 하나의
행복을 꿈꾸면서…

전세방 구하러 다니며

억
·
1억, 2억…
복덕방마다 똑같은 신음소리

아들놈 신혼 방, 월세가 부담스러워
전세방 찾는데 억, 억이다

길가에 스쿠터 세워두고
엄마 잠깐만 하며 가게 갔다 오더니
로또복권 샀어 하며 피식 웃는다
이천 원, 그거면 콩나물 반찬으로
한 끼 너끈히 먹을 텐데…

싼 방 찾아 헤매는 모자의 등은
칼바람에 더욱 구부러지고

이천 원

꿈과 미안함, 씁쓸함이
눈이 되어 방울방울 날리고 있다

어머니 얼굴

밤사이
지붕 위, 헐벗은 나무 위
자동차 위에까지
포근히 덮여 있는 새벽녘

서둘러 찌든 때 빨아내고
다듬잇돌로 삶의 주름을 편
새하얀 광목 홑청

문풍지를 뚫는 찬 바람에
행여 감기 들까
두툼하게 목화솜 넣어
귀 밝은 딸래미 잠 깰까
소리 없이 덮어주시던 어머니

손질해놓은 이불 같다며
좋아하시던 눈 위에
어머니 얼굴
가만히 그려봅니다

손녀딸을 맞으며

18일이나 앞당겨
한밤중을 우렁차게 흔든다

생명의 탄생은
가족을 하나로 묶어놓는
끈끈한 거미줄

출산의 고통을 나눠
서먹서먹했던 마음
부드럽고 달콤한 솜사탕이 되고

자식 낳았을 때와는 또 다른
기쁨과 행복으로
온몸이 들썩거린다

눈길을 사로잡는 배냇짓
이 세상에 그 무엇과 비교하랴
혹여 놓칠세라 눈에 담기 바쁘다

"응애" 소리 귀여워 히죽히죽
"함미" 소리 그리며 히죽히죽
할미꽃이 훈풍에 활짝 웃는다

소양희

경북 선산 출생.
수도여자사범대학 가정학과, 기독음대 전자오르간학과 졸업.
계간 『시세계』 등단(2014년).
문학세계문인회 정회원,
성동구 구민대학 시창작반 회원.
lovesoyh@hanmail.net

할머니와 손자 외 6편

소 양 희

웃음보가 절로 터지는
사춘기 꽃봉오리들
꽃잎마다 사랑의 꿀 채워
벌 나비와 아침을 즐기더니

어느새
저녁노을 바라보며
한 잎 두 잎 욕심을 날려 보내면서
마음을 비워, 떠날 준비를 하네

철모르는 꽃망울들
주위를 맴돌며 조잘대고
꽃잎은
스르르 눈을 감네

개나리꽃

귀가 작은 바늘에
노란색 실을 꿰어 바느질한
외출옷 차려 입고

손자 손녀 손잡고
봄나들이 나온 정겨운 가족

늘어뜨린 가지마다
엄마 젖꼭지 물고 옹알이하면서
방울방울 매달린
샛노란 별꽃

급하신 울 아버지 성품처럼
잎새도 달지 않고 달려 나와
눈가의 엷은 미소는
오늘도 발목을 잡네

식탁에 핀 봄

할머니 보고 싶어요
엄마 아빠와
오겠다는 신호다

햇살도 졸고 있는
나른한 오후
남실바람*과 봄빛 캐러 간다

겨울잠에서 깨어
푸른 꿈을 키우며
들판을 누비는 풀잎들

치마폭에 담아 온
냉이 달래 쑥…
봄이 한상 가득이다

수저 위에 조아리는
가족들의 웃음소리가
나비로 날아다니며 밤을 지새운다

* 남실바람 : 나뭇잎이 살랑거리는 경풍(輕風).

친구야

집을 나서니
온통 은빛 세상이다

송이송이 시가 되어
나무마다 매달린 눈꽃
겨울 숲에 그려진
한 폭의 수묵화다

별들이 기쁜 노래로
쏟아져 내려오면서
옛이야기 들려준다

해 지는 줄 모르고 눈싸움하면서
구름 한 조각에도 깔깔대며
둥근 달 속에 궁전을 짓던 어린 시절

눈 위에 새긴 네 이름 석 자
묻히고…
다시 쓰고…

세월 속으로 묻혔지만
내 가슴에 새겨진
그리운 친구야

말복과 입추

오늘은 닭추*의 날
말복과 입추가 겹친 날이다
19년 후에나 도래할 재회를 꿈꾸며
여름과 가을을 가른다

찜통더위로
방울방울 고인 말복의 얼굴
그동안 수고했다며
손 내밀어 악수 청하는 입추

가지마다
숨겨둔 찬 바람 몰아와
여름을 잠재우니
석양이 미소 짓는다

오랫동안 흔들지 못해
몸살 난 가을바람
구름을 타고
높이높이 오른다

싱글벙글
입추 얼굴이다

* 닭추 : 말복(닭고기)과 입추의 준말.
다음 닭추의 날은 2033년 8월 7일.

고마운 상처

마음은 바쁜데
몸이 말을 듣지 않는다
앗, 비명소리와 함께
골절상이다

비에 젖은 꽃잎처럼
떨어져 내리는 아픔을
아닌 척 아닌 척
미소로 가리는데
눈치 없는 눈물이
볼을 타고 흐른다

아침 햇살 다가와
앙상한 가지에
이파리 나고 꽃이 피는
새봄이 온다며 위로한다

아플수록
자신을 돌아보게 하여
다시 한 번 겸손으로 일으키는
고마운 상처

좀 더 적게 먹고
좀 더 적게 말하고
작아지면서
나를 키운다

선물

봄 향기 물씬 풍기는
진달래 꽃잎으로
화전 만들어 불암산 오르니

어머니의 염려로 “조심하라고”
친구의 다정함으로 “건강하라고”
까치가 반기며 인사한다

정자에 둘러앉아 화전 한 입마다
산을 물들이는 연분홍 웃음
진달래꽃 춤춘다

화가분의 예기치 못한 감동의 선물
여행에서 샀다며 예쁜 지갑을 주셨다
지갑 속에 두툼하게 행복이 쌓인다

보지 않아도 보이고
듣지 않아도 들리는
당신의 모든 것을 좋아한다고

오가는 교감으로
세상은 밝아지고
믿음은 높아만 간다

손문자

월간 『문학21』 등단(2005년).
한국방송통신대학교 국문과 재학 중.
제7회 일성 이준열사 추모글쓰기대회 운문 부분 장려상,
2005년 대한민국 주부클럽연합회 주최 한글 서예 부문 입선 수상.
한국서예 미술대전 초대작가, 아세아 서가협회 초대작가.
성동구 구민대학 시창작반 회원. 묵향회 회원.
jas727412@hanmail.net

겨울 햇살 외 6편

손문자

짧은 겨울 햇살 아쉬움이여
정오가 돼서야 아파트 담벼락을 기어오르네

닫힌 창문 사푼히 넘어 오더니
잠시 머물다 매정하게 떠나는 그림자
고독으로 허물어지네

잔설 맞아 땅에 엎어진 질경이도
앙상해진 가지 부끄러운 목련도

눈길 한 번 못 맞춘
서러운 겨울 햇살 이마에 부벼보네

동행

하루 종일
그대 가는 길을 찾아 헤매다
빈손으로 돌아온 남루한 저녁
앞산 마루 달을 바라봅니다

나무도 제 몸 바깥으로 길을 내고
꽃 피우고 열매를 맺고
작은 돌 하나도 제 몸을 굴려
미움을 깎아 옹기종기 모여 사는데

사람들은 왜 제 몸 속으로 낸
수많은 갈래길 다 모아도
제 몸 바깥에 길 하나를 내지 못하는가

아파도 조금만 참아 내가 등을 쓸어 줄게
아냐 아니야. 먼 길 오느라 네 얼굴도 창백하다

겨우겨우 힘겹게 얼굴을 내미는 달과
제 사는 궁핍함을 늘 숨기고 사는
야윈 능선이 마주보며 주고받는 대화
참 오랫동안 들었습니다

매화꽃을 빚은 밤

암울한 밤 청천벽력
어명 아닌 어명을 받고
내일 오전 열 시가 입춘 식이라네

밤 꼬박 새우면
원하는 꽃을 피울 수 있을까
입춘대길(立春大吉)* 건양다경(建陽多慶)*

큰 대문 네 곳 작은 대문 네 곳
합이 여덟 곳이라네

세상이 변하여 뚝딱 하면
밤새 새 건물이 솟아오른다지만
사람의 손은 통하지 않는 어불성설

어명이 떨어져
급물살을 타고 곤두박질칠 때
묵향을 서서히 아주 서서히 풀어
오십 대 초심으로 돌아가자

세월에 밀린 육신이
나무 껍데기로 일어선다

매화꽃처럼
이십여 년의 터널을 거울로 맞자 하니

닭이 울어 요란한 새벽
동해가 용트림하듯 솟아오르니
밤새워 빚은 매화꽃은 날개를 단다

쇠뭉치 속에서도
벙글벙글 춤을 춘다
대문도 등을 단다
건양다경(建陽多慶), 입춘대길(立春大吉)

* 입춘대길(立春大吉) : 입춘을 맞이하여 길운을 기원한다.
* 건양다경(建陽多慶) : 봄의 따스한 기운이 감도니 경사로운 일이 많으리라.

울 올케언니의 정지*

할머니는 어머니에게
어머니는 올케언니에게

삼대 째 내려오며 대물림해 온 정지
덧없이 흘러간 꿈같은 그때가 그리워라

앞가르마 곧추세운 소박한 그의 모습
동백기름 윤기 젖은 정갈한 자태
동여맨 치맛자락 사뿐사뿐 나비처럼

황토 흙 곱게 빚은 부뚜막 위에
옹기 병에 농주 앙금 식초 씨눈 넣으면서
나랑 살자 나랑 살자 다독이던 그 정성

새 생명 살아나서 신토불이 식초 되니
무채 회 무침에 밥상이 향긋했지
그 여운 잊지 못해 정지 문만 바라보네

살강 위엔 반짝반짝 나란히 엎어 놓은
놋 사발, 놋대접, 놋 종기, 놋수저라
울 올케 정지에서 사라진 보물이여

* 정지 : 거제시 사람은 부엌을 정지라고 한다.

어머니의 메주

황금빛 몸으로
다시 태어난 네모난 얼굴

보랏빛, 잿빛
하얀 꽃이 피는 메주

갈증 난 계곡 듬성듬성
콩 꽃이 피려나

초겨울 바람 술렁이다
지푸라기 옷 입고 난간에 목을 맨다

아득한 역사
한민족 맛의 고향
포물선을 그리다가 끝내

성자는 다시 태어난다
핏기 가신 어머니의 손끝으로

백목련

첫사랑
기다리는
텅 빈 뜰에

하얀 손수건 곱게 접어
앙상한 가지마다 우아하게 걸어두고

분 내음 솔솔 풀어
벌 나비 날아 춤사위 벌어지면

심술궂은
봄바람 세차게 불어
후두둑 낙화하는 백목련

공항으로 가는 길

잿빛 사막이
아스라이 서서
분주한 발자국 뒤에 텅 빈 마음
자신만의 무용담을
영종도 모노레일에 싣고 공항으로 가네

평생 바다를 업으로 삼던
어부들은 떠나고
잔잔한 기침으로
벌게 몇 마리만
구멍 속으로 들락거리는 영종도 갯벌

먼 길 떠나는 객들은
어부의 기대 실린 출항보다
고단한 어지럼증을 털어
공항으로 습관처럼 떠난
내 피붙이도 기세등등했지만
언젠가는 돌아오겠지…

왕·십·리·문·학·회

송방자

성동구 구민대학 시창작반 회원.
songbj40@hanmail.net

가을 외 6편

송방자

곱게 물든 단풍잎들을 상상하며
홀로 산을 오르고 있다

마치 유명한 화가가
색을 입혀 놓은 듯
온 산이 물들어 있다

평온한 날씨만큼
하늘은 짙푸른 색을 띠고

낙엽 위에 남긴 발자취
님에게 전하지 못한 사연들
구름에 실어 보내고 싶네

앙상한 나무

실내에서도 몸을 움츠리는 오늘
산에 올라오니 찬 바람에 코끝이 시리다

산길 사방은
앙상한 나무들로 둘러 싸여 있다

제법 굵은 나무를 끌어안고
추워서 어떻게 하나 말해보니

마치 대답하는 듯
가지마다 바람을 일으키며

동장군만 가봐라
고운 연녹색에서 진녹색으로
새 옷을 갈아입고

공해로 피로해진 눈 마음의 짐 내려놓고
쉴 수 있는 휴식처가 되게 해줄 거야

골짜기의 찬 바람이 낙엽들을 불러 모아
산등성이에 쌓이게 한다

감기

봄날 같은 대한
어느새 목련도
봄을 기다린다

황혼길에 들어서서
꿈을 펼치고 싶어
용기 있게 한 발
내딛었지만

아무리 쓰고 지우기를
반복해도
이것이 본래의
나인 양

마음은 뿌듯한데
골몰하다 지쳐
감기에 걸려 몸 져
눕고 말았다

모성

강가 산책 중

가지각색으로
단장한 오리 떼

돌섬에 옹기종기 모여 앉아
한가롭게 보인다

새끼오리 한 마리
물속에 뛰어들어
푸드득거리면

어미 오리
양 날개 활짝 펴고
꽥꽥거리며

새낄 감싸고
물살이 약한 곳으로
몰고 가는 모습이

뒤뚱거리며
아기를 돌보는
엄마 같다

벤치

나란히 앉아
커피 향기 맡으며
많은 이야기를 나누던
나무 벤치

혼자 와보니
하얀 눈만 쌓였어요

따스한 잔을 감싸고
함께했던 그날은
추운 줄도 몰랐어요

하얀 눈 위에
사랑해
라고 쓰고 보니

눈과 함께 부는 찬 바람
막아주는 이 없어
코끝이
시려오네요

설날

우수와 함께 찾아온 설날
바람 한 점 불지 않아
봄이 발아래 와 있다
버들가지에 물이 오르고
새순이 부풀어 올랐다

파란 하늘만큼
무탈한 한 해가 되길 원하며
염주를 돌린다

아파했던 일들
가는 세월과 함께 보내고
내가 하고픈 일만
할 수 있는
한 해가 되길 바란다

봄 찾아 나선 길

봄이 왔으려나
뚝섬 나루터에 와 있나
시장 골목, 순댓국밥집에 왔을까

춥고 긴 겨울 지나
응봉산에 오르면
내가 기다리는 봄은 아직

염불소리 낭랑하게 들리는
산자락에 자리 잡은
고찰에 와 보니
마당가 여기저기
목련, 산수유 몇 그루
꽃은 없어도
향이 먼저 와 있네

유병란

충북 음성 출생.
동국대학교 문화예술대학원 문예창작학과 졸업.
계간 『불교문예』, 계간 『시세계』 등단(2014년).
문학세계문인회 정회원,
성동구 구민대학 시창작반 회원.
shell28y@hanmail.net

식당버스 외 6편

유병란

국도 옆 작은 공터에 폐차된 버스 한 대
창문 양 옆으로 걸려 있는 현수막에는
김밥, 우동, 김치찌개, 순두부 메뉴가 적혀 있다

나란히 놓여 있는 의자들 사이로
작은 식탁들이 손님을 기다리고 있는 한적한 버스

창문으로 들어오는 햇살을 등지고
김밥을 말고 있는 젊은 부부의 얼굴이
해바라기 씨처럼 영글어 간다

행선지도 광고판도 떼어진 채
관절염 걸린 여자처럼 기우뚱하게 서 있는 바퀴들이
오르고 내릴 때마다 들썩인다

같은 길만 내달리며 다람쥐 쳇바퀴 돌 듯 살아왔을 한생은
멈추고도 끝나지 않은 채 또 다른 생을 이어가고 있다

사람들을 가득 태운 깨끗한 시외버스들이
빠른 속도로 지나쳐 가는데
날아온 먼지들이 식당버스를 뽀얗게 덮고 있다

해녀 할망

족히 칠순은 지났을 법한 해녀 할망이
가스버너에서 성게 미역국을 끓이고 있다
물질로 한평생을 살아온 피부는
쭈글쭈글 검게 변한 채 말라 있고
주름이 패인 손가락 마디는 울퉁불퉁하다

해녀식당 창밖 너머 바다에서
해녀 몇몇이 자맥질을 하고 있다
바다는 하얀 물거품을 내며 출렁이고
희미하게 들리는 숨비소리는
파도에 몸을 맡긴 채 휘파람 소리를 내고 있다

몸보다 큰 태왁*과 망사리* 뒤에
구부러진 등이 빨판처럼 붙어 있다
바다에 젊음을 두고 나온 할망들이
물빛 노을 속을 휘적휘적 걸어간다
구멍 숭숭 뚫린 그림자가 길게 끌려가고 있다

* 태왁 : 해녀가 수면에서 몸을 의지하며 헤엄쳐 이동할 때 사용하는 부유도구.
* 망사리 : 해녀들이 채취한 해산물을 넣어 두는 그물망.

재래시장에서

한낮 햇빛이 천막 위에 가시처럼 박히고 있다

지나는 사람들 발길을 잡고
흥정이 한창인 건어물 가게 아저씨
바람도 숨을 죽인 채 엿보고 있다

배꼽참외 한 무더기를 쌓아 놓고
목이 터져라 외쳐대는 남자의 얼굴에는
굵은 땀방울이 주름을 파며 흘러 내린다

옥비녀 쪽을 찐 등 굽은 할머니가
강아지 너댓마리를 상자에
고물고물 담아놓고 손님을 기다리고

꽃무늬 양산을 쓴 중년 여자 한 무리가
좌판을 훑어보며
건성건성 지나간다

헐렁해진 오후
색색의 천막들이 이마를 맞댄 채 졸고 있다

고택

늙은 거북의 등가죽처럼
갈라지고 벗겨져 나간 몸
천년을 살아내고
몸속까지 비워낸 초연한 모습

수백 번 오고 간 계절의 흔적을 안고
한결같은 모습으로 세상을 관조한다

문설주 안에서는
청렴한 선비의 글 읽는 소리 들리는 듯하고

골이 깊게 패인 투박한 툇마루는
주름살 많은 어머니 같다

사립문 밖에서
마주보고 서 있는 두 그루의 은행나무는
하늘을 받쳐 들고 꼿꼿한데

볕 좋은 부엌 한쪽에
개미 떼들이 그들만의 세상을 만들어
떠난 주인을 대신해 햇빛을 즐기는 오후
문틈으로 지나는 바람이 달다

신발장을 정리하며

꼭 해야 할 일도 아닌데 해야 할 일처럼
손길이 닿지 않던 신발들을 골라내
쓰레기봉투에 담는다

기억에도 없는 하늘색 신발주머니 하나가
신발장 깊은 곳에서 툭 떨어졌다

빨간 자동차 무늬가 그려진 작은 운동화 한 켤레

첫 걸음마를 배우던 그때
아이는 저 작은 신발을 신고
뒤뚱뒤뚱 넘어질 듯 나를 향해 걸어 왔었다

손뼉을 치며 응원하던 그때의 내 얼굴은
흐드러진 벚꽃 웃음처럼 봄날이었다

이제 아이는 나룻배 같은 커다란 신발을 신고
품을 떠나 세상 밖으로 나갔다

지금 나는 잔주름 가득한 얼굴로
늦가을을 지나고 있다

헐렁해진 신발장처럼 텅 빈 가슴속에 바람이 분다

아버지와 어미 소

아버지는 이른 새벽부터 소죽을 끓이셨다
아침 밥상을 들이기도 전
제일 먼저 밥을 먹는 어미 소였다

큰 덩치에 어울리지 않게
아이에게도 어른에게도 늘 순종하며 온순했던 소

이른 봄 아버지와 짝을 맞춰
열두 마지기 논과 밭을 다 갈고도
한 해 건너 한 번씩 송아지를 쑥쑥 낳아
가난한 살림에 금고가 되기도 했다

쉬는 날보다 아버지와 따비밭을 일구던 날이
더 많았던 시간들

겨울이면 짚으로 짠 덕석을 입혀주며
아버지는 어미 소를 살뜰하게 챙기셨다

어미 소와 함께 한평생을 우직하게 살아오신 아버지
지금은 희미해진 기억의 끝에 서서
세 살 아이가 되었다

국도에서

친구를 만나러 가는 길
고속도로를 타야 하는데
한눈파는 사이 고속도로 입구를 지나쳐 버렸다

국도를 타고 가기로 했다

야트막한 산을 끼고 돌다가
벌판을 가로질러 가기도 하고
추억처럼 앉아 있는 분교 옆을 지나기도 했다

국도를 구불구불 돌아가면서
문득 지나온 내 길을 생각했다

여러 길 앞에 서서 고심했던 스무 살 시절
다른 길을 선택했더라면
국도를 가고 있는 지금처럼
다른 삶을 살고 있었겠지?

몽당연필처럼 자꾸만 작아지는 내 남은 삶이
어떤 길로 이어져 종착역에 도착할지
자못 궁금해지는 날이다

이명희

한국방송통신대학교 유아교육과, 법학과 졸업.

성동구 구민대학 시창작반 회원.

im2050h@hanmail.net

빈자리 외 6편

이명희

오대산.
월정사, 상원사,
단풍이 곱고, 산사는 수려하고
오는 손, 가는 손 반갑다 하네

몇 해 전 묵었던
멋진 펜션
예일까? 제일까?
바람에게, 구름에게 물어봐도
대답이 없어

깔깔대며,
풀장으로 자구지로
넘나들던, 여덟 식구
결혼하고, 비행기 타고,
소천도 하고

기다리지 않아도
이 계절은 오고
왁자지껄 호호 하하
소풍객들 여전한데
빈자리, 빈 마음만
그리움에 울컥

간절함

청계천 황학교 아래
무심히 서 있는 돌하르방
한 아낙 다가가 귀 위에
백 원짜리 동전 하나 올려놓고
양팔 벌려 정성스레 보듬고 있네
무슨 소원 저리도 간절할까?
보는 사람 콧등 시큰

시선을 물로 돌려 보니
잉어 한 마리 부른 배로
돌 위를 스치며 왔다 갔다
수없이 반복하네
용왕님께 향하는 의식일까?

아들 딸 잘 살게 해달라는 걸까?
알을 잘 낳게 해달라는 걸까?
사람이나 미물이나
간절함은 한결같네

입춘

입춘이
꽃차를 끌고 왔다
칙칙한 겨울 가슴에
화사한 팬지꽃을 한 아름 안긴다

알몸으로 겨울을 버텨준
나무를 쓰다듬고
발밑에도 입김을 주면서

아직 바람은 차고
모두들 움츠리고 있는데
추위에 발을 동동 구르며
얼마나 봄을 기다렸나

어느새 바람은 품속에서
냉기를 떨쳐 버리려 하고
햇볕은 한 품이나 두꺼워져서
대지를 감싼다

먼 길 떠난 사람 잊지 못해
시리고 저린 냉기만을 안은 채
인생의 고빗길서 허우적대는
가을이고 겨울인 가슴은

우수 경칩에
대동강 얼음 녹듯
풀려지려나

비행기에서

이른 아침 창공에서 내려다본 제주도
큰 조각 작은 조각 퍼즐의 세계
밤늦도록 놀다 잠든 꼬마의 작품 같다
바다에서 쏙 올라오는 건
용이 내뿜은 찬란한 여의주
와!

늦은 밤 창공에서 내려다본 서울
호박, 진주, 다이아몬드,
온갖 보석 꿰어 놓은 보석상
딸 한 줌, 며느리 한 줌, 나도 한 줌
모두 좋아 입이 벌쭉, 생각만도 흐뭇하다
입가에 미소가 번진다
보석들은 한없이 이어진다!

시모와 호박고구마

팔십도 훨씬 넘은
시모가 가꾼 호박고구마
혼자 먹자니 목이 멘다

생떼 같은 삼부자
밭머리에 묻어놓고
살점 하나 안 붙은 손아귀
호미자국 마다에
흘린 눈물 얼마일꼬

몸도 마음도
삭정귀가 되어가는 어머니
왜 이리 목숨이 질긴지 몰라
그렁그렁한 눈
차마 볼 수 없어 외면하는데
얼마나 힘드니? 도리어 위로하시니

딸, 며느리, 손주까지 자루 자루
애써 웃어보며 주고받은
마음, 마음

마셔보는 우유 한 모금
메인 목 풀리려나

초겨울 산정호수

바람이 불면, 낙엽이 우수수
옷깃을 여미게 한다

호수 위에 둥둥 떠다니는 오리, 거북이
하릴없는 구름 불러 놀다 가라 하네

곱게 피어 있던 허브농장 화초들
피워놓은 연탄불 기운에
간신히 추운 몸 녹이고

억새풀 울타리 넘어
철새들 아직 올 기미 없고
흥청대던 유원지의 잔해들
군밤, 약초, 마른 나물만 떠 있다

늦가을 코스모스

푸른 창공을 이고 핀 코스모스
하늘하늘 청초한데 가슴이 아려
울긋불긋 갈아입은 나뭇잎도 고운데

코스모스가 애처로워 보이는 건
함께 자란 들풀들의 사락사락
말라가는 소리가 들림인지
도랑에 있는 개구리의 긴 동면이
가슴 저려서인지

가을비가 내린다 유난히 차다
단풍도 맞고 코스모스도 맞는다
모두모두 부르르 몸을 떤다

코스모스는 아직 한창인데
어느 밤 된서리가 내리면
나뒹굴 낙엽 보기 역겨워
제 먼저 숨죽이며 눈을 감는다

왕 · 십 · 리 · 문 · 학 · 회

이옥희

경기 포천 출생. 월간 『문학세계』 등단(2014년).
한국방송통신대 국어국문학과 재학 중. 성동구 시낭송 우수상(2013),
성동구 독서경진대회 독후감 장려상(2013),
성동구 국민독서경진대회 편지글 최우수상(2014),
제34회 대통령기 독서경진 서울시대회 장려상(2014) 수상.
문학세계문인회 정회원, 성동구 구민대학 시창작반 회원.
loh5847@hanmail.net

땅으로 붙는다 외 6편

이옥희

많이 자라도 하늘은 남고 남는데
작은 키는 땅만 가깝게 보이는구나

긴 다리에 롱부츠 신고서 멋도 내보고
바바리 걸쳐 긴 머리 날리고 싶던
철부지 꿈 애만 태우다 떠났네

바지를 사면 아까운 천을 잘라내고
성큼성큼 걷는 발걸음 따라가려면
뛰다시피 걸어가야 하는구나

고개를 숙이니 신발 앞코가 바로 아래
황혼 길에 이르니 점점 땅으로 붙는다
높은 구두 신고 감추려다 삐걱거리는 발아
빈 하늘에 남은 꿈이나 채워 보자구나

꼬치부침개

다른 맛을 가진 재료들이 모여
눈높이를 맞추어 길이를 재고
꼬치에 끼워져 어깨동무하고 있다

밀가루로 연지곤지 화장하고
계란 속으로 풍덩 노란 옷을 입었네

달구어진 후라이팬 기름 두르고
누워서 뜨거움 견디며 익히더니
사뿐히 뒤집어 한 번 더 노릇노릇

바구니에 허리 쭉 펴고 있는 꼬치전
후후 불며 먹고 또 먹는 맛있는 시간

물 허벅 여인상

제주도 길에 자리 잡고 있는 아낙
청계천 복원 축하하러 올라와
지고 있는 물동이 한 손으로 잡고
다른 손 흘러내린 치마 올리고 있네

눈만 마주치며 오고가는 사람
뒷모습만 바라보다 하루가 간다
하나씩 비워가며 홀로 서서
파고드는 물소리 외로움 부여잡고
구름이 달 가리울 때 이끼 옷으로 갈아입었네

수없이 지고 날랐던 물동이
내려놓고 쉴 때도 되었는데
나그네에게 의자를 내어놓고 있다

하늘공원

291계단 오르고 또 오르니
은빛 사랑이 물결을 이루고 있다

옷깃에 앉은 햇볕
지난 이야기에 귀를 세우고
한강에 불던 바람
억새와 춤을 추고 있다

억새들이 열어준 길 따라
고독을 지워가며
내 키보다 큰 억새에 안기어
사진 찍는 낭만을 남기면

석양을 바라보던 맹꽁이 전기차
낙엽을 밟고 또 밟으며 내려가고 있다

미사리

일상생활 잠시 벗어나니
텅 빈 하늘 아래는 따사로운 햇살이
내 마음에는 바람이 들어와 앉아 있네

흐르는 강물은 눈 속에 젖어들고
구름 뒤에선 꿈들이 살며시 내다보며
나뭇잎들은 유혹하려 살랑살랑

젊음으로 돌아가 사랑을 주고받고
함께 웃고 어울리며 하나가 되어
오늘도 앨범의 한 페이지를 그려 본다

발걸음 떼어 돌아올 시간
석양도 강물에 몸을 적시며
미적미적 떠나지 못하네

가로등

큰 소리로 말해야 들리나요
만나자 해도 오지 않는
항상 그 자리에 서 있기만 하는 당신
사랑의 슬픔이 싫어
바라보는 사랑을 하는 건가요

애절함도 해 오름엔 스르르 감기고
어두워지면 또 밝아져
비바람이 어깨 감싸고
펑펑 오는 눈이 내 손 잡아도
항상 그 자리에 훤히 비추고 있을 당신

청계천

예쁜 꽃들은 운동하러 오라 하고
나뭇잎들은 자전거 소리에
고개를 내미는구나

살곶이 수영장의 신난 환호성에
어미와 풀밭에서 졸던
새끼 오리가 잠이 깨고

청혼의 벽에선 사랑의 술을 담구어
단풍잎은 취하여 코스모스는 춤을 추네

소풍 나와 손 흔드는 갈대들을
바람은 너울너울 맞아주는데
국철은 살곶이 다리 위에
추억을 내려놓고 떠나는구나

쉬지 않고 달리는 국철아
내 마음만 싣고 떠나주렴
지친 몸 오늘은 청계천에서
잠시 쉬어 가려네

채수원

대구 출생. 필명 숸.
월간 『문학세계』 등단(2015년). 백일장 다수 입상.
문학세계문인회 정회원, 성동구 구민대학 시창작반 회원.
수기 「Running Life」(철인3종경기 완주), 월간 『Running Life』,
공저 『철인이라 부르는 이유』,
칼럼 철인 로드맵 『바이시클 라이프(자전거 생활)』
schae@dreamwiz.com

꽃이 피려나 외 6편

채수원

봄이 오면 물오를 줄 알았는데
시들시들

동트면 빼꼼 내밀 줄 알았는데
보일 둥 말 둥

물 주면 팔팔해질 줄 알았는데
시름시름

빡빡하기만 한 봄일세

시란, 나에게 셋

이게 내 마음일까 그냥 낙서일까?
너무 빤한 시가 되고 말았어

들어갈 시구는 딱 하나일 텐데
어떤 걸 골라야 하지?

그럴 듯한 어미(語尾), 미사어구와
적당한 은유로 내숭 떨면서
아리송하게 끄적이면 끝나는 거 아냐

그냥 깡으로 해봐?
그래도 영혼의 깡지라도 남겨야 하는데

시란, 나에게 넷

항상 시상으로 촉촉히 젖어 있어
모든 소리가 시로 들리고
콩콩한 냄새를 시의 향내로 바꾸며
잡초 속에서도 아름다움을 걸러내고
입에서 나오는 모든 것이 시로 뿜어지니

한 줄 시구가 아쉬운 이에겐
발버둥치지 않아도
시상을 쏟아내는 네가 부럽다

시란, 나에게 다섯

세상에 짬밥 수 아닌 게 어딨어?

구백육십 개 남았다
천 개는 써야 머리 올린다는데
매일 한 개씩 써도 이 년은 훨씬 더 걸릴 텐데

꾸미고 꾸미고 또 꾸며보지만
어째 낯간지럽고 소름만 돋네
이미지란 내숭떠는 건가 봐

사랑이란 포르노 이상이 아니고
이성은 감정의 겉포장으로만 보이는데
그걸 감출 필욘 없잖아

에라, 그냥 꼴리는 대로 쓰자
차마 쓰기 거북한 것도
속 시원하게 눈 딱 감고 팍 써 버리는 거야

시란 나에게 여섯

— B612호 어린왕자에게

너의 두 번째 별, 소혹성 326호의 이웃이야
모두 날 찬양해주길 바라지
허영심이 많다고 하지는 말아줘
그냥 숭배해 줘

시인이란 현란한 모자를 쓰고 싶어
멋들어지게 보이고 싶은 거야
갖은 미사여구를 뒤섞어 예쁘게 덧칠하고는
내면에서 우러나온 양 뽐내고 싶고
쓸데없고 관련 없는 장식들도 돌돌 말아
알 듯 모를 듯 내숭을 떨어야 그럴 듯하게 보이거든

그게 없으면서도, 있어 보이게 하는
지름길이라는 거
너도 알잖아

그냥 못 본 척해줘

자, 두 손을 부딪쳐 봐
그래야 모자 벗고 멋진 답례를 하지
이거 신나는 일 아니니?
너도 이런 멋진 지식인을 안다는 것 자랑스럽잖아

허영의 깡지를 까뭉개고
마음의 바닥까지 훑어내야 한다는 건 나도 알아
하지만 누가 알아주기나 하니?
그냥 그럴 듯한 명패와 값 비싼 옷만 걸치면
고상하게 보이도록 길들여진 게 세상이야

이런 게 뽀다구 나게 사는 것 아니겠어

바사진 '애너벨 리(Annabel Lee)'

짐 리브스의 남 저음 목청으로 쏟아내는
이 시에서 전율을 느꼈고

어울리지 않을 것 같았던 낭랑한 목소리의
임국희가 멜랑꼴리하게 낭독할 때도 가슴은 뭉클했었다

교과서에 '애너벨 리' 가 있음을 알고는 가슴 설레었다
영어 선생님 입술의 떨림이 있기 전까지는
'외워 올 때까지 10대씩'

시에 대한 증오의 시작이었다

우러러보라굽쇼?

하늘이 꼭 위에만 있나요?
남반구에 가면 아래에 있잖아요
물구나무 서도 아래에 있고

하늘이 높기만 한가요?
저 우주도 하늘이고
개미들 보기에는 우리 머리도
하늘에 둥둥 떠 있는 걸 거예요

높은 곳 낮은 곳에도
다 존재하는 게 하늘이지요

높은 곳에만 있다고 말하지 말아요
천하디천한 구렁텅이도 하늘이니까

왕 · 십 · 리 · 문 · 학 · 회

최인선

인천 출생.
『서울문학』 등단(2014년).
성동구민대학 시창작반/수필반 회원.
choiinnamsugang@hanmail.net

동검도(東劍島)* 외 6편

최 인 선

조각난 나룻배 묶인 듯 풀린 듯
낡은 밧줄에 걸려 있고
방파제 옆 바싹 마른 갈대들
사그락사그락 스친다

갈매기들, 먹이 없는 바닷가를 기웃거리고
개펄은 진한 그리움에 제 살을 찢는다

이별 후 열닷새
보름달을 품고 찾아온 바닷물은
온몸 적셔놓고 꿈 깨듯 사라진다

* 동검도(東劍島) : 강화도에 있는 작은 섬. 바닷물이 사리 때 잠깐 들어와 바다 끝자락은 한순간 물을 만날 수 있으니 늘 말라 있다.

세월

햇살이 따뜻한 오후
찻잔을 마주하고 앉은 내 동무
슬그머니 손을 잡는다

물끄러미 보는 나에게
"손길을 느낄 때가 살아 있음이야
죽으면 느끼지 못하니까"
힘없이 하는 말
안타까움에 가슴이 떨려온다

서로의 몸을 기댄 채 살아온 세월
가슴속에 모닥불도 피웠었고
마음속에 빙산을 쌓기도 했었다

모닥불도 꺼져가고 얼음도 녹는 지금
서로의 마음을 헤아릴 수 있는
남매 같은 벗이 되었다
언젠가는 함께 가는 길이 고맙다고
말할 수 있는 날도 오겠지…

우리는 늦가을이 가고 있는
창밖을 보고 있다
남아 있는 잎새를 지키려
바람에 떨고 있는
나뭇가지가 애처롭다

정선의 하루

정선을 향해 달리는 열차
아낙네의 아리랑 소리는 애달프고
겨울 풍경은 한가롭다
허연 맨살의 자작나무 끝엔
구름 몇 자락이 걸려 있다

산골 할머니 손맛 그리워 찾아온 정선 장
얼룩덜룩 비닐 차일들만 매서운 바람에 휘날리고
바싹 마른 산나물 서로의 몸을 끌어안으며 떨고 있다

천포광산, 깊고 깊은 지하갱도
팔다리 후들후들 배내똥 힘까지 다하고
굽이굽이 돌아 어둠과 같은 색의 모습들을 만났다
그들은 삶을 위해 두드리고 또 두드렸다

저물어 가는 정선역
눈발이 차창에 부딪쳐 녹아내린다
어느 광부의 등줄기를 타고 내리던 땀처럼…

나의 길

푸르고 높은 하늘을 향해 가지를 뻗어
무수한 잎을 피워 그늘을 만드는
그런 나무가 되고 싶었다

그러나 나만의 둥지를 틀고 새끼들의 먹이가 되어
온몸을 웅크린 채 꿈을 잊었다

썰물이 빠져나간 개펄 같은 마음은
삶의 무게가 겹겹이 쌓여 거북 등이 되었다

꽃이 피면 꽃내음에 새가 울면 새소리에
달빛이 살포시 내려앉는 밤이면
등껍질을 녹였다

어느덧 황혼 길에 나는
마른 나뭇가지에 싹을 틔우고 있다

애증

당신이 산을 보면
나는 바다를 보고

내가 당신 등을 보면
당신은 다른 등을 보았습니다

엇갈린 마음은 서로를 원망했지만
나는 성불인 양 입을 다물었습니다

억겁의 인연은 눈먼 인연이던가

얽혀도 완전한 하나가 될 수 없음이
당연한 섭리인 걸 이제 알았습니다

우리는 하나이며 둘이고
가는 길도 평행선이라는 걸…

위로

강 건너 저 마을은
은하수를 뿌린 듯 반짝이네

별빛인가
불빛인가

네가 무엇이든…

봄바람에 묻어와
텅 빈 마음을 채워주네

가족

봄꽃이 가는 길에
때 이른 국화가 피려나
작은 망울
이파리 뒤에 숨어 얼굴을 내민다

여린 모습 측은해 말을 건넨다
길을 잃었니
힘든 일 있었니
혹시 사춘기?
우리는 친구가 되었다

철없이 나가버린 자식이 걱정됐나
동생이 걱정됐나
한 망울 또 한 망울…
화분 가득 꽃을 피운다

서로 웃고 속삭이며
얼굴을 부비고 등을 맞대고
따뜻함과 사랑이 내 가슴으로 전해온다
에미 품 떠난 자식들 생각에 창밖을 본다

함응식

강원 정선 출생.
계간 『시세계』 등단(2014년).
왕십리문학회 회장.
문학세계문인회 정회원,
성동구 구민대학 시창작반 회원.
kjbham8819@naver.com

겨울 외 6편

함응식

발바닥 밑에서 스윽
한겨울 바람 소리 들린다
무거운 삶의 무게
발 들지 못하고
늙은 마누라 팔 매달려
앞으로 간다

팔팔하던 젊음
동해바다 수평선 너머로 보내고
설악산 꼭대기
바람에 날려 보냈다

그루터기만 남은
삶의 촛불
움켜쥐고 걸어가는
굽어진 뒷등에서 삶의 덧없음을 본다
발 끌고 가는 바람 소리
가슴에 겨울비 되어 내린다

겨울바람

휘이익 휘파람 불며
찬 바람 내 앞에서
위아래 훑쳐보고
옷 속 파고들며
쉬었다 가자 하네

밀쳐내면 밀쳐낼수록
안간힘 쓰며 비집고 들어와
몸의 온기 빼앗아 사라지네

어제는 길가에 흐르는 물
바닥에 붙여 놓고
사람 지나가기 기다리네
한눈팔며 지나는 나그네
발목 잡아 내동댕이치며
저 혼자 재미있어 하네

눈꽃

한여름 오후
소나기 내리던 날
가파른 산 중턱 소나무 숲에서
산안개 되어 하늘로 갔다

하늘 세상 재미에 빠져
세월 가는 줄 몰랐다
북풍 부는 추운 겨울
눈꽃 되어 바람 타고 왔다

포근한 너의 마음에
대지는
네 품속에서
따뜻한 봄날을 꿈꾼다

빈 술병

등나무 밑 벤치에
주인 잃고 찌그러진
맥주 캔 하나, 빈 술병 하나
우두커니 마주 보고 있다

아낌없이 다 내어주고
빈 가슴으로 밤새웠나

한 잔 술로
쓰린 가슴 달래며
사라져 버린 희망
떠난 그 자리
병과 캔 둘이 우두커니 앉아
찌그러진 꿈 붙잡고
주인 오길 기다리네

산수유

중랑천 제방 둑
산수유 가지
병아리 떼 숨어 있다
향긋한 봄 향기에
주둥이 내밀고
따듯한 햇살을
한 모금 마신다
숨어 있던 골방
답답했는지
온몸 비틀며
비집고 나온다

흔적

팽팽하던 넓은 이마
세월이 남겨놓은
골짜기 있다

봄 되면 진달래 꽃
향기 피어오르고
소쩍새 울음소리 들려온다
바닷물보다 더 짠 강물 넘쳐흘러
온몸 휘감아 흐를 때
가쁜 숨소리 들려온다

가을이면 시원한 골바람
삶을 위로하지만
추운 겨울 칼바람 일어
난도질한다
아프고 쓰린 속살은
눈물 되어 흐른다

오래된 흙집

빛바랜 흙집
세월이 무거워
간신히 버티고 있다

구멍 난 벽 비집고
찬 바람 들어온다
성한 데 한 곳 없다
오랜 세파에
주름 가득하다

아이들 재잘거림
명절날 북적거리던 사람들
다시 올까 기다리며
바위 되어 지키고 있다
차가운 겨울 햇살 아래로
빛바랜 젊음이 떨어진다

테마시

돌

김옥자

강가에 바람이 거칠게 불면
파도가 성나 서로 부딪치고 깎여서
동글동글해진다

검정색 이끼 낀 파란색 줄무늬까지
돌이 많아도 형태와 빛깔
개성이 다르게 생겼다

하얀 새알 같은 조약돌
앙증맞고 예뻐서 하나 둘 주워서
인테리어 소품으로 쓰고 있다

백담사 돌탑

유병란

마음속에 차 있던 욕심들을
굽이굽이 산길에 널어 말리며
솔바람 낙엽소리 두 귀에 담고 도착한 백담사 계곡
돌탑들이 가벼워진 마음을 가만히 쓸어준다

저 많은 돌탑들은 누구의 소망일까?
염원을 쌓아 올리던 두 손의 떨림이
돌탑마다 화석처럼 박혀 있다

태풍과 홍수를 이겨 내고
서로 어깨를 맞댄 채 묵언수행 중인 모습들이
이른 새벽 정갈하게 앉아
백팔염주를 돌리며 기도하던
엄마의 모습처럼 초연하다

산중턱 대웅전 불상이 지긋한 미소로
돌탑을 내려다보고 있는 오후
솔바람 소리만 조용한 산사를 휘돌아 간다

돌을 닮았어라

이명희

장아찌 통 속의 납작한 예쁜 돌
깻잎 냄새 마늘 냄새
본래의 제 냄새 잊은 지 오래

산에서 구르고 물에 깎이어
세찬 비바람에 휩쓸려 엎어진 곳
어느 계곡 끝자락
개울가 돌무더기 위

고단했던 삶 잠시 내려놓고
개울물에 발 담그던 아낙네
눈에 들었네

지아비 뜻 받들고
자식들 더 챙기고픈 어미
행여 맛 변할세라
꾹꾹 눌러보는 저 손마디는
깎이어 닳아진 돌을 닮았어라

늙은 돌탑

최인선

오는 사람 가는 사람
켜켜이 포개져 가는 마음 담은 돌

여기도 하나 저기도 하나
욕심 때문에 마음이 벌집이 되지는 않았는지
쌓여가는 소원들로 등이 휘어

기우뚱 한쪽으로 쏠린 늙은 돌탑
커가는 새끼 돌탑들이 애처로워
슬픈 눈으로 내려다보는
바람에 흔들리는 풀잎들

부드러운 몸짓으로 쓰다듬어 주고
산허리 넘어가는 석양이
황금 석탑으로 물들여 준다

유리창 청소부

유병란

밧줄 하나에 의지한 남자가
내리쬐는 땡볕 속에서
청소를 하고 있다

24층 아파트 벽에 매달려
비바람 먼지들로 찌든 유리창 얼룩들을
하나씩 지우고 있다

이승과 저승에 매달려
흔들리는 허공을 단단히 잡고 있는 남자

땀으로 얼룩진 작업복이
마르고 젖기를 반복하는 동안
외벽 유리들은 말간 얼굴을
조금씩 드러내고 있다

긴 아파트 그림자가
그을린 남자의 뒷덜미로
까치발을 딛고 지나는 오후

파란 하늘이 담겨진 유리창마다
구름이 얼굴을 비춰보며 지나간다

유리문

— 스크린 도어

이 옥 희

유리문 너머로
늘 그대로인 당신
눈 마주치려 하는데

지하철이 와서 문이 열리고
떠나간 뒤에도 그 자리에 서 있는
당신에게 달려가고 싶지만

부르지도 못하고
떠나지도 못하는 우리

내 마음 비추어
당신을 바라볼 수 있다는 것
그것만으로도 행복합니다

유리

채수원

빼지기는 너무 잘 삐져
조금 건드려도 쨍그랑
뜨거운 물 붓기만 해도 쩌저적

약하디약한 것이
옷이라도 제대로 입어야지
훤히 비치는 걸 입고 다니면서도
쪽팔리는 줄 모르나 보지?

꼴에 멋 낸다고 여러 색으로 비비 꼬며
예술이랍시고 우쭐대질 않나
화냥질해서 요상한 놈들 뽑아 놓고도
부끄러워하질 않네

후레자식들 성격도 더럽더군
멀리 있는 건 가까이 보이게 하고
가까이 있는 건 멀리
발버둥 칠 정도로 뜨거워도 나 몰라라 잠만 잘 자는 놈에
잘게 부서지는 놈
또 깨지지 않는 놈까지 있더군

그래도 그 어미가 더 독종이야
한 번 화나 깨지면 여기저기 들쑤시며 피의 복수도 하잖아
왕수(王水)에도 못 녹는 게 그녀의 한 서림 때문은 아닐까?

변신의 천재 유리

함응식

거리에서 사람들은 너만 바라본다
네 얼굴 바라보며 걷기도 하고 멈추기도 한다
누가 네 표정 보고 거부할 수 있을까

한순간도 너와 떨어져 본 적 없는 사람들
너의 소중한 존재를 알고 있을까
인정해주든 안 해주든 개의치 않고
머물고 있는 자리에서 네 할 일만 한다

아름다운 소녀도 네 앞에서는
나신을 보여준단다
여인들은 너를 단 하루라도 안 보면
아무것도 할 수 없는 것처럼 너를 품속에 안고 있단다

네가 텅 비어 있을 때
네 이름을 부르지 않는다
네 마음에 무엇을 잉태하느냐에 따라
이름을 얻는다

사람도 너를 닮아 무슨 생각 담고 있는가에 따라
그대로 불려진다
너는 변신의 천재다

커피와 파리

김옥자

밥상을 차리는 동안
파리 한 마리가 먼저 앉아 쫓으니까

내가 먹으면 얼마나 먹는다고 윙 윙 윙

커피 한잔 줄게 맛 좀 보렴

뜨거운 맛 쓴맛 단맛 다 보고
살맛 난다고 빙글빙글 돌며
커피가 최고야 윙 윙 윙…

커피

김정희

스쳐간 세월 포근함 느꼈던 독서실이다
터질듯한 열정으로 뭉쳐진 젊은 언니들
휴일날도 지쳐 보이지 않으며 도서관 자리를 지킨다

찬란한 햇살 그림자 작아지면 즐거운 점심
시험 준비 간곳없고 인생 봄날 이야기꽃 깊어가네
추억들 수놓으며 믹스커피 맛의 느낌
지금은 찾아볼 수 없다

커피 탓인지 초롱초롱 눈빛 책에 집중이 안 되며
소란스런 마음 시계 한 바퀴에 안정되는 듯했다

낮에 마셔도 저녁잠 설치는 커피
나이 먹어 가면서 달콤함 좋아진다

첫사랑

김현주

가끔은
가마솥의 숭늉 생각이 난다

구수한 숭늉을 얻기 위해선
가마솥에 누룽지를 잘 눌려야 했다
불이 세면 밥이 타고 약하면 눌지 않아
아궁이 앞에 앉아
눈물 찍, 콧물 찍 불 조절하던
내 어릴 적 추억

몸 속속 풀어주던 구수한 차 숭늉
변해가는 문명에
가마솥과 함께 떠나버렸다

그 빈자리에
달콤하게 유혹하며 찾아든 커피
뜨거운 물만 있으면
휘휘 저어 마시는
생활 속 한몫이 되었지만

대체할 수 없는 너
가마솥의 숭늉 생각이 난다
가끔은

커피 맛

소양희

송년 파티로 가족이 모였다
마주하는 환한 미소
서로를 아끼고 격려하면서
한 해를 갈무리한다

따끈한 분위기에 달뜬 손주들
주체할 수 없는
기쁨의 손짓 발짓에
새해도 웃으며 다가온다

모임마다 일상화된 커피 한 잔
인생의 쓴맛 단맛 어우러진 하모니
한 줄기 미소의 향기로 피어오르고
서로를 담는 그윽한 눈빛마다
따뜻한 마음으로 영근다

언제나 가슴 속에 피어
게으름으로 잠든 나를 깨우며
푸른 꿈으로 날아다니는
웃음꽃, 민들레 한 송이

유학 중인 손녀의
달콤한 미소가 빠졌음일까?
오늘따라 유난히 커피 맛이 쓰다

커피

손문자

따듯한 커피
갈색 진한 향과 에스프레소의 쓴맛이
온몸으로 퍼진다

그리움 한 스푼
하얀 잔에 넣어 휘휘 저으니
안개꽃을 피우는 커피가 다가온다

휘핑크림이나 레몬을 얹은
맛깔스러움은 없지만
함께해 주기만 해도 좋다

헤이즐넛이나 블루마운틴을
천천히 음미하며 혼자 마시는 일상

커피

송방자

온기가 있는 방 안
커피 잔을 앞에 놓고 있으니
마음이 더 포근해지며
추억은 새롭게 떠오르고

골목마다 다방이 많았던
옛 명동거리

그 시절 기억들이
영화 필름 돌듯
스쳐 간다

은은히 퍼지는 향
소중한 이들과
함께했던 날들
아직 식지 않은
따스한 잔을
두 손으로 감싸 쥐면서

아픔과 시련
찬 바람 부는 빈 가슴으로
한 모금 마시며
알찬 생활을 만들어 본다

아날로그, 디지털

이 명 희

부부 모임도
집에서 하던 시절
K도자기, H도자기
그릇 진열장을 자랑하듯
커피잔도 한자리 차지했다

1.5:2:2, 혹은 2:1.5:2
커피,설탕,프림의 황금비율
섭씨 100도로 10분간 끓여
정성스레 타도
커피 맛은 제각각

어느새 공장에선
세계인의 입맛을 묶어버린
믹스커피가 쏟아져 나오고
A카페, B카페 등
커피점이 길가에 늘어서 있지만

아날로그에 익숙한
해묵은 인생들은
어설픈 스마트폰 손에 들고
맛있는 커피 찾아 보려
눈에 설은 커피 메뉴
보고 또 보고

커피

함응식

사람과 사람 사이에 커피가 있다
마음과 마음은 커피를 징검다리 삼아
건너가고 건너온다
얼마나 많은 사연을 가슴에 쌓아 두었길래
까맣게 썩을 때까지 침묵했을까

정의를 팔고 사는 더러운 말
신의를 저버리는 배신의 말
거짓말인 줄 알면서도
한 번 들은 말
죽을 때까지
세상에 퍼뜨리지 않는 침묵이
얼마나 고통스러웠으면
온몸이 검게 탔을까?

사람들 이야기 듣고
제 몸 타들어가도
침묵해야만 하는 너
열 자식 둔 엄마의
타버린 마음 닮았구나

계곡물

김정희

산이 좋아 기회가 닿으면 찾았던 설악산 봉정암
이제는 저만치 멀어진 대청봉 비석
아쉬움도 더러는 잊어야겠다

산에서 우는 새는 길을 안내하듯
갈봄 가리지 않고 노래했고
흐르는 맑은 물 모래밭 쉬다 가려니
송어 떼 깜짝 놀라 도망간다

어느새 서산 해는 넘어가는데
앞 뒤 계곡물 어서 따라오라고 따라가자고
하늘 땅 사이 푸른 하늘 첩첩산 맞붙은 양
마음과 눈으로 그리며 꿈속을 가는 듯하다

움직여야 산다

김현주

장식장 위 어항에서
새끼 낳고 잘 살던 구피들
한 마리는 뛰쳐나와 방바닥에
한 마리는 물속에 죽어 있고
나머지는 천장에 주둥이 대고
가쁜 숨 쉬고 있다

서둘러 물을 갈아주니
생기 돈 암컷 앞에서
신명나게 구애춤 추는 수컷

구피는 온몸으로 보여주었다

생명을 살리고 돌을 깎는
무서운 힘을 가진 물
오래 고여만 있으면 썩어가는 것을

욕심도, 미움도
물처럼 흘려보내야 살 수 있는 것을

동해

소 양 희

가슴 가득
하늘 채운 동해
밤새
대관령 넘어온 바람이 반긴다

골짜기마다 안개 품은 물 향기
하늘 보며 구름 배우고
흐르는 물에 마음 닦으니
머리 위 물방울 춤춘다

갈매기 날개 타고
별이 되는 꿈을 꾸며
파도의 흥겨운 가락에 맞춰
발 마사지 해주는 돌멩이들

마음까지 간지러워
터진 웃음 소리에
해는 서산을 넘지 못하고
바다는 입을 다물지 못한다

물

손문자

저 푸른
바닷물을 닮으면
낮은 곳으로 흐를 수 있을까

내 마음 명경 속에
당신을 닮으라고 수를 놓으면
섬섬옥수 손끝에서 가슴까지 전해질 수 있을까

누가 저 물을 길어 올릴까
누가 저 물을 열고 있을까

임의 섭리 없었다면 그 큰일을
새벽마다 기도하여 물이 되라 하고

온 세상 사람들이 물이 된다면
당신 뜻 높이 세워 노래할 수 있을까

물

송 방 자

세상이 변하는 만큼
물길도 따라서 바뀌었다
친구들과 자리 펴고 놀던
뚝섬 강가 모래사장
지금은 강폭이 넓어지고 수심이 깊어
높은 둑을 쌓은 강

예전처럼 발도 담글 수 없다
그런 강물이 없었다면
어떻게 우리는 살아왔을까
추억도 만들지 못하고
물 구하러 헤맸을 생각하면
아무 일도 손에 잡히지 않았다

강물

이옥희

강물에 비치는 해맑은 햇살
꾸밈없이 손잡고 맴도는 은빛

쉬어갈 여유도 없는 노을의 강가
떠남의 깊이도 모른 채
뒤돌아보지도 않는구나

발목이 젖어 있는 다리 아래
애타는 마음 강물에 빠뜨리고
형형색색의 사랑 엮느라 밤이 짧다

겨울 강가에 얼어붙은 인연
검은 머리 하얗게 흘러가고
물빛 따라 세월도 물들어
미운 정 고운 정의 끈만 잡고 따라가는구나

물소리

채수원

따스하면 속삭일까 했는데
너무 뜨거워 날아가 버렸고
시원하면 들릴까 했는데
너무 추워 얼어붙는구려

떠들썩해도 좋겠거니 했는데
지나쳐 모조리 쓸어가 버렸고
작은 소리도 귀엽거니 했는데
바삭바삭 타들어만 가는구려

당신이 노래하면 팔팔하고
안 하면 시들시들
예쁜 소리 들려주면 좀 좋으련만
수줍음에 아래로 아래로 흘러만 가는 당신

발자국 소리에 숨어버리고 마는구려

무제

최인선

'물' 이라는 시제를 받고
마음속으로 쉽겠네 하며 지었던 미소
아니 웬걸, 왜 안 되지?
조그만 웅덩이에 눈 녹은 물만 봐도 들여다보고
나뭇가지에 매달린 물방울에 화들짝
슈퍼에 쪼르르 앉아 있는 물병들도 자꾸 뒤돌아보고

강물을 쓰자니 요즘 한참 뜨고 있는 영화여서
표절에 걸릴 것 같고
바닷물을 쓰자니 가 볼 수가 없고
물 찾아 헤맨 지 삼 주

아침 신문을 보는데 폭포수에 눈이 번쩍

"폭포 소리가 산을 깨우고
산꿩이 놀라 뛰어오르고
솔방울이 툭, 떨어진다.
다람쥐가 꼬리를 쳐드는데 오솔길이 환해진다.
와! 귀에 익은 명창의 판소리 완창이구나…
… (중략) …
절창의 한 대목. 그의 완창을."

읽고 또 읽고, 내 목소리는 점점 죽어가네
아! 훔치고 싶어라
프로(Pro)와 아마추어(Amateur) 사이에 놓인
강은 너무 넓고 깊구나
저 강을 언제 건너보려나

성동구 구민대학 시창작반 야외강의를 마치고

1. 출발

어제 오후부터 오던 비가 새벽 6시까지 내렸지만 아침을 맞으면서 개이기 시작했다. 강의교재를 USB에 담아 길을 나섰다. 오전 10시 좀 넘어 소월아트홀(성동문화원)에 도착한 것이 이르다 싶었지만 이미 몇몇 회원들이 도착하여 아직 안 오신 분들을 기다리고 계셨다. 구민대학 사무실에 들러 교재 프린트를 복사했다.

오늘은 미사리에 위치한 바비큐전문점 온누리 장작구이 팔당본점에서 점심식사를 하고, 야외강의를 옆에 있는 사랑방 카페에서 갖기로 했기에 일찍 나와 이옥희 님의 봉고차와 이연자 님의 승용차로 가기로 했다. 11시가 좀 안 되어 1진 8명이 먼저 출발

하고 2진 5명이 조금 뒤에 오기로 했다.

2. 온누리 장작구이

도착하여 안으로 들어가 먼저 들른 뒤뜰은 강가에 위치한 여유로운 곳이었다. 평일이었고 미리 예약이 되어 있어 오래 기다리지 않고 예약시간인 11시 30분에 바로 들어갈 수가 있었다. 2진 차도 얼마 안 지나 도착하여 함께하는 데 불편함이 없었다.

4개의 테이블에 첫 테이블에 지도교수님과 남 회원 3명, 그리고 나머지 3개의 테이블에 여 회원 3명씩 앉을 수 있었다. 맛있는 오리구이로 배를 달래고 된장찌개에 밥 반 공기씩 했더니 점심식사로 충분하였다. 성동구 구민대학 시창작반 회원님들은 화기애애한 분위기 속에서 시 창작이라는 공통의 목표를 갖고 소통하는 인연으로 따뜻한 정담을 주고받으며 시간 가는 줄 모르고 즐거움을 나누었다.

2013년 3월에 창립하여 처음 시도해본 야외강의는 회원님들의 협조와 배려로 이루어졌다. 참석회원은 조영애 총무를 비롯하여 김정희, 김옥자, 이옥희, 김현주, 유병란, 채수원, 함응식, 소양희, 김영매, 이연자, 최인남, 김기동 회원님, 그리고 지도교수님이었다. 윤명옥, 노남숙 회원님은 다른 일로 인하여 참석하지 못했다.

3. 사랑방 카페

식사가 끝나고 우리만의 이야기를 나눌 수 있는 공간으로 찾은 곳은 사랑방 카페였다. 에어컨 바람이 시원하여 안쪽으로 자리를 잡아 앉았다. 총무님은 차 주문에 정성을 다하셨고 채수원 님은 강의교재를 배부해주셨다.

차를 마시면서 담소를 나누다보니 비어 있던 자리엔 손님들이 들어찼고 그들의 이야기 소리가 흘러오는 걸 막을 수는 없었다. 지도교수님은 카푸치노 커피 향을 음미하시면서 시 창작 이야기를 이어나갈 수가 없다고 판단하셨는지 시 낭송에 대한 이야기로 준비한 교재의 내용을 이용하여 변경을 시도하셨다.

시 낭송에 있어서 가장 기본적인 사항으로 발음을 정확히 해야 한다는 것은 이미 강의시간을 통하여

강조했지만 그 후로 아무런 이야기를 못 했었다. 그 다음으로 중요한 것은 감정과 리듬을 타야 한다는 것이다. 그리고 한 편의 드라마를 연출하듯 시의 내용을 파악하고 감상하는 사람들이 잘 알아들을 수 있게 이야기하듯 읽어야 한다.

회원님은 교재에 게재된 순서로 시 낭송을 했다. 게재가 안 된 분들은 이미 읽은 시 중에서 골라 읽으실 수 있도록 했다. 자신의 음성을 낼 수 있는 대로 외치듯 읽어 웅변을 하듯 하며 알아들을 수 있게 읽어보자고 했다. 마치 창을 하듯 노래하자고 했다.

4. 뒤뜰 빈자리

차라리 나오니 조용하였다. 쌀 튀긴 것 한 컵과 찬 둥글레 차를 셀프로 마시면서 강가를 바라보는 한가로움은 우리를 편하게 해줄 뿐만 아니라 세상을 다 얻은 듯 행복하였다. 그러나 모두 앉은 자리에서 조영애 총무님의 긴급 발언에 우리는 긴장하였다.

3개월 정도 대만에 있는 아들 사업에 여러 가지 도와줘야 할 일이 생겨 자리를 비워야 할 형편임을 밝혔기 때문이었다. 시창작반을 아끼는 회원님들은 총무직을 유지하고 제2 총무를 지명하여 보좌하는 것이 좋겠다고 했다.

그리고 이석남 前 회장의 개인 사정으로 이번 6기에 등록을 하지 못하셔서 신임 회장으로 심사숙고

하여 모두가 원하는 함응식 님으로 추대하였다. 함 신임 회장님은 기꺼이 시창작반을 위하여 최선을 다하도록 하시겠다는 다짐을 밝혀주셨다.

회원들은 두 안건을 진지하게 검토한 뒤 동의를 표하는 박수로 힘이 되어 주셨다. 이로써 9월이나 10월쯤에 있을 구민대학 자체의 백일장이나 낭송회 공연 문제에 대한 추진에 탄력을 받게 되었다.

5. 도착

일정을 마치고 일행은 올 때와 같이 봉고차와 승용차로 나누어 이동해야 했다. 날씨도 화창하여 예정대로 진행된 하루가 마음에 들었다. 모든 회원들의 참여에 감사드린다. 그리고 야외강의를 알찬 내용으로 이끌어주신 윤제철 교수님, 조영애 총무님의 추진과, 안전 운전으로 이동에 수고하신 이옥희 님, 이연자 님께 고맙다는 마음을 표하고 싶다.

윤택한 삶과 맑은 영혼을 위한 우리의 노력은 중단 없는 전진 속에 활짝 피어날 것을 믿어 의심치 않는다. 우리 시창작반의 밝은 내일이 보이는 야외강의에서 아주 큰 희망과 꿈을 받고 가벼운 발길로 귀가할 수 있었다.

2014년 7월 4일 늦은 오후
편 집 부

왕십리문학회 주소록

이름	주 소	핸드폰
김옥자	서울시 성동구 둘레5길 14-40	010-7227-4725
김정희	서울시 성동구 서울숲4길 16-31	010-2654-7098
김현주	서울시 성동구 상원길 42 101동 308호	010-3435-0469
소양희	서울시 노원구 덕릉로 613 301동 1805호	010-4338-3388
손문자	서울시 성동구 마장로42길 14 1동 205호	010-9391-7062
송방자	서울시 성동구 살곶이8길 12	010-5477-4686
유병란	서울시 성동구 고산자로 164 118동 1602호	010-6806-1132
이명희	서울시 성동구 무학봉길 64-5	010-6288-3754
이옥희	서울시 성동구 마장로42길 16 1동 105호	010-3643-6846
채수원	서울시 성동구 독서당로 156 6동 1103호	010-6596-0428
최인선	서울시 성동구 동호로 100 111동 504호	010-8819-8847
함응식	서울시 동대문구 장안벚꽃로 107 119동 703호	010-6235-8819

편 집 후 기

조각되지 않은 돌덩이를 망치와 정을 들고 다듬어 '시'라는 세계를 알게 되었다. 바쁜 세상사 잠시 벗어 놓고 함께 공부할 수 있어 고마울 뿐이다. 혼자 가는 외로운 길보다 함께 어울리며 살아가는 것이 더 맛있는 인생길이 아닐까? 함께 웃고 공부하다 보니 어느새 봄이 깊어져 가고 있다. 우리의 인생 나그네 길, 언제나 이 봄처럼 따뜻했으면 좋겠다.(함응식)

시창작반은 시의 모체(母體)다. 어미가 자식을 낳아 사랑의 영양분으로 온 정성 다해 키우듯, 매주 금요일 1시에 모여 잡초는 뽑아내고 물을 주며 영양분을 공급하는 공부방으로서 심혈을 기울여 자식처럼 시를 다듬고 키운다. 만난 지 얼마 되지 않았지만 보고 싶은 마음에 한 주가 너무 길어 목 빼고 기다린다. 콩나물시루에 물을 주면 밑으로 빠지지만 콩나물은 자라듯, 얼굴마다 맺힌 시 방울 빨갛게 푸르게 익어가고 있다.(소양희)

건강을 걱정하는 딸이 시창작반에 등록해놓아 여러모로 부족해 염려가 앞장섰지만 시를 배우기 시작한 지 벌써 1년이 지났다. 아직은 도랑물처럼 가볍고 울퉁불퉁 다듬어지지 않은 시를 써나가고 있지만, 씨와 날을 걸어 베 짜는 것처럼 나이를 따지지 않고 서로 격려하는 동료들의 돈독함이 시창작반을 튼실하게 하고 시도 조금씩 틀을 잡아가고 있다.(김현주)

봄바람 시바람 — 왕십리문학 2015년 창간호

왕십리문학회

인쇄 1판 1쇄 2015년 5월 13일
발행 1판 1쇄 2015년 5월 20일

지 은 이 : 함응식 외 11인
펴 낸 이 : 金天雨
펴 낸 곳 : 도서출판 天雨
등 록 : 1992. 2. 15. 제1-1307호
주 소 : 서울시 성동구 무학봉28길 6 금용빌딩 2F(하왕십리동 966-23)
전 화 : 02)2298-7661
팩 스 : 02)2298-7665
http://www.moonhaknet.com
E-mail : chunwo@hanmail.net

값 9,000원

ISBN 978-89-7954-599-9